In einem Meer von Licht

Heilende Gesänge der Hildegard von Bingen

Bilder von Sabine Böhm

Texte und Übersetzungen von
Barbara Stühlmeyer

Verlag Butzon & Bercker Kevelaer

Zum Geleit

Gerne gebe ich diesem kleinen kostbaren Werk von wohltuender Schönheit und Aussagekraft ein Wort mit auf den Weg.

Das Buch vermittelt etwas von der überzeitlichen Botschaft und lichtvollen Heilkraft der Gesänge Hildegards von Bingen.

Bevorzugt wurden Texte, die von der Liebe des Dreifaltigen Gottes sprechen und von Menschen, die sich – nächst Maria – uns zum Weggeleit anbieten.

Möge dieses Buch heilsame Spuren in unserer Welt hinterlassen.

Schwester Caecilia Bonn OSB
Benediktinerinnenabtei Sankt Hildegard, Eibingen

Hildegard und wir

Nachdem ich mich schon über zehn Jahre mit Hildegards Leben beschäftigt hatte, wollte ich ihren „Geist“ auch in meinen Bildern ausdrücken, ohne jedoch die zu ihren Lebzeiten entstandenen Visionsbilder nachzuahmen. Ich höre ihre Gesänge während des Malens und versuche, meine Gefühle auf der Leinwand umzusetzen. So entstehen vom Gegenständlichen losgelöste, meditative Bilder. Sie sollen die heilende Kraft Hildegards in die heutige Welt transformieren und die Menschen berühren.

Sabine Böhm

Hildegards Briefwechsel verband sie mit Menschen aus ganz Europa und sie stand in ständigem Dialog mit Gott, dem „lebendigen Licht“. Mit ihr ein Gespräch durch die Zeiten hindurch zu beginnen, war für mich eine Herausforderung. Dabei wurden mir ihre Gesänge zu ständigen Begleiterinnen. Wenn man sie für heute neu übersetzt, spürt man, dass sie reich an Emotionen sind, die uns noch immer mit Hildegard verbinden. Und sie enthalten heilende, Gemeinschaft stiftende und die Liebe entzündende Kräfte, die es wert sind, sie mit anderen zu teilen.

Barbara Stühlmeyer

Licht

Licht ist, wenn man so will, die häufigste Suchfrage der Welt. Im Leben Hildegards verdichtet sich dieses suchende Fragen zu einer Lebenshaltung. Hildegard schaut zum lebendigen Licht auf, wenn sie Antworten auf die Fragen ihres Lebens finden und auch dann, wenn sie anderen Menschen auf dem Weg zum Heilsein helfen will.
Natürlich spielt die Lichtthematik eine wichtige Rolle in den Liedern, die sie schreibt. Das innere Leuchten, das Aufblitzen der Erkenntnis, das Aufstrahlen in der Begegnung mit Gott, der für sie das lebendige Licht selbst ist. Der Raum, in dem diese Lieder ihr Leben entfalten, ist der Gottesdienst, der heiliges Spiel, Spielraum des Lebens selbst ist. Das Singen entfaltet sich in Inszenierungen, in denen sich Hildegard und ihre Schwestern mit gelösten Haaren in glänzend hellen Seidengewändern und leuchtendem Goldschmuck versammeln.
Licht ist die Voraussetzung von Leben, aber auch die Voraussetzung der Unterscheidung. Licht erhellt und lässt zugleich die Schatten deutlich hervortreten.

Darum konfrontiert Hildegard alle Erfahrungen ihres Lebens mit dem lebendigen Licht. Denn nur so wird deutlich, welchen Aufgaben sie sich stellen muss, um auf ihrem Weg weiterzukommen.
Ihr erstes Buch, Sci vias Domini – Wisse die Wege des Herrn, entstand, weil ihr deutlich wurde: Meine Erfahrungen dürfen jetzt den beschatteten Raum der intimen Privatheit verlassen und in das Licht der Öffentlichkeit treten. Lebendiges Licht zu sein, ist das Wesen Gottes, Licht zu sein auch das Wesen des Geistes, den sie Feuer und Tröster nennt. Licht ist auch das Wesen der Engel, die Spiegelwesen sind, die den Menschen die Lichtfülle Gottes übermitteln. Licht ist die Ausstrahlung der Sterne, die das Licht der Sonne spiegeln. Hier wird die untrennbar enge Verbindung von göttlicher und menschlicher Wirklichkeit deutlich, die für Hildegard so selbstverständlich und für uns so notwendig ist.

O choruscans lux stellarum –
Blitzendes Licht der Sterne

O blitzendes Licht der Sterne,
o edelste Frau,
vertraut mit dem Brautgemach des Königs,
funkelnder Siegelring!
Du bist geschmückt in jener hohen Frau,
deren Wesen nicht mit Finsternis übergossen ist.
Du bist sogar Gefährtin der Engel
und Mitbürgerin der Heiligen.
Fliehe, fliehe die Höhle des alten Verderbers
und komm, komm zurück in den Palast des Königs.

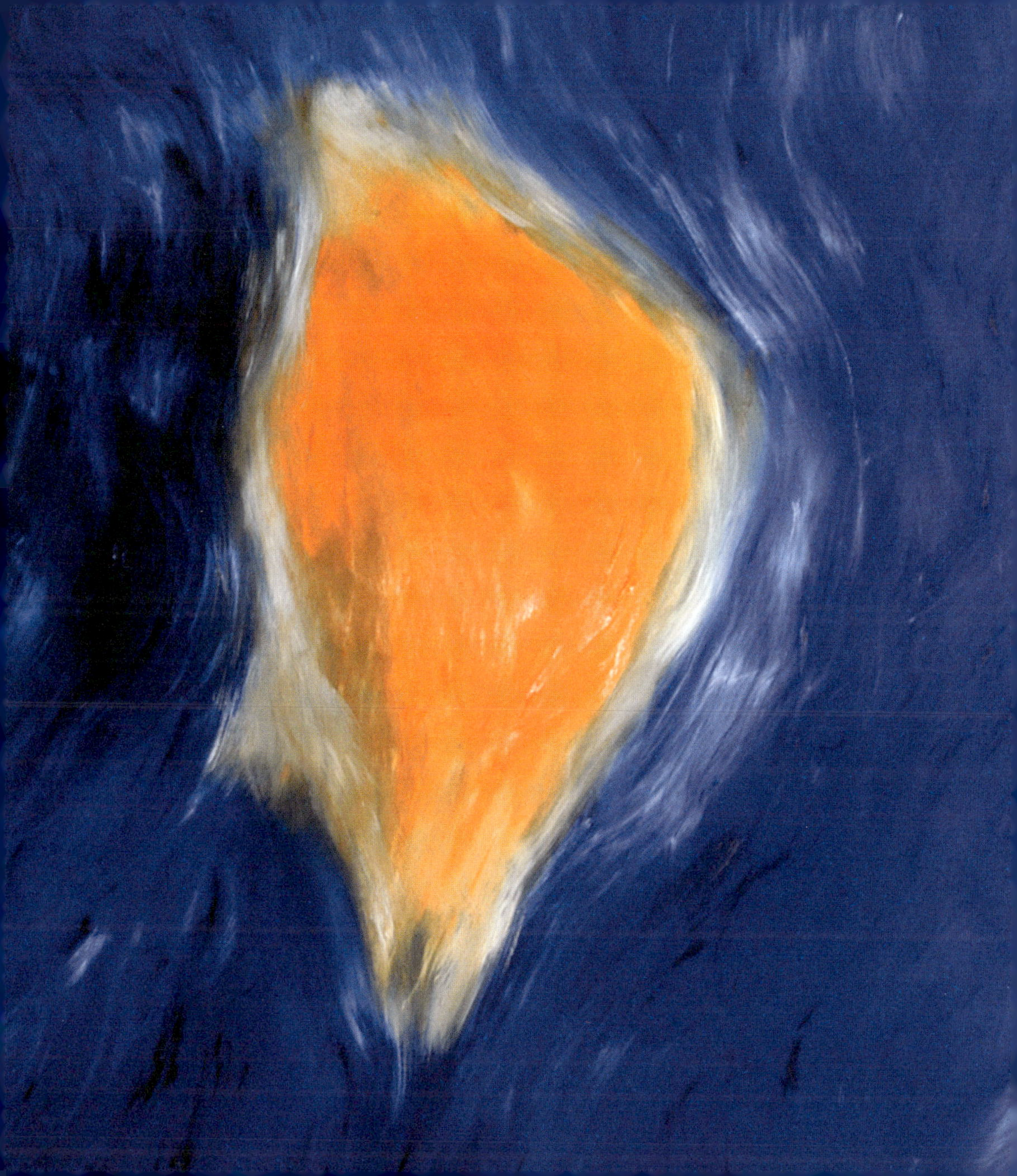

O gloriosissimi lux vivens angeli –
Engel, lebendiges Licht

O ruhmreiche Engel, ihr seid lebendiges Licht.
In der Gottheit erblickt ihr
im mystischen Dunkel der gesamten Schöpfung
die göttlichen Augen mit brennender Sehnsucht
und niemals könnt ihr euch daran ersättigen.
O welch herrliche Freude ist in eurer Urform,
die in euch unversehrt ist von jedem unrechten Werk,
das seinen Ursprung in eurem Gefährten hat,
dem verlorenen Engel,
der fliegen wollte, über den innersten Schutzraum Gottes.
Da stürzte er voller Schmerz in die Gebrochenheit,
aber das, wodurch er fiel,
gab er dem Gebilde aus Gottes Hand,
dem Menschen.

O ignis spiritus –
Du Tröster Geist

O Feuer, Geist, Tröster,
Leben des Lebens aller Welt,
heilig bist Du, Du belebst die Geschöpfe.
Heilig bist Du, Du salbst die gefährlich Geschwächten,
heilig bist Du, Du reinigst die stinkenden Wunden.
Belebender Raum der Heiligkeit,
Feuer der Liebe,
stärkster aller Wege, der alles durchdringt,
in den höchsten Höhen, auf der Erde und in allen Tiefen.
Du vereinigst alles.
Durch Dich ergießen sich die Wolken, fliegt die Luft,
haben die Steine Feuchtigkeit, bildet das Wasser Bäche
und bringt die Erde lebendiges Grün hervor.
Du erziehst auch die Gelehrten und machst sie glücklich
durch weise Inspiration.
Darum sei Dir Lob,
der Du der Klang des Lobes bist und die Freude des Lebens
und die Hoffnung und große Ehre.
Du gibst die Gaben des Lichtes.

Heilung

Heilung ist die not-wendige und zugleich schmerzlichste Aufgabe unseres Lebens. Ohne dass wir es zum Thema erheben, erleben wir uns oft als ausgesetzt, zerrissen, abhängig oder ausgeliefert. Hildegard gibt dieser Sicht eine neue Perspektive. Sie zeigt uns Bilder göttlicher Kräfte, die uns von Gott her und aus uns selbst heilend und helfend entgegenkommen. Und zugleich fordert sie uns heraus. Heilung bedarf der Umkehr, der Reue, der Einsicht in die Tatsache, dass wir aus dem Gleichgewicht gekommen sind und den Weg zur Mitte neu suchen und finden müssen.

Für die Situation der Entfremdung, der Sachzwänge und des Burn Out hat Hildegard verwandte Begriffe. Man spürt den lebendigen Schmerz hinter den Texten, die sie schreibt. Und es wird deutlich, dass all das, was uns einengt, nicht das letzte Wort hat. Die helfenden Kräfte wachsen, wenn man sie anruft. Denn die Perspektive, die in diesem Rufen aufscheint, schafft Raum zwischen mir und meiner Bedrängnis. Raum zum Atmen, Raum für die spielerische Erprobung von Auswegen, Raum, in dem neues Leben wachsen kann.

Dieser Raum ist die Herzmitte der Persona, die ihre Spiegelung im Sein des Menschen in Gott hat. Hildegard sieht in einer Vision, dass der Mensch mitten im Herzen Gottes zu Hause ist. Er liegt dort als schmutziger Lehmklumpen, als dreckige irdische Wirklichkeit. Doch genau diese Wirklichkeit hat die Tendenz zur Verwandlung. Der schmutzige Lehm wird zu leuchtenden Edelsteinen. Die Heilung folgt dabei der Unterscheidung, die eine Folge der Konfrontation mit dem Licht ist. Wenn wir im Licht erkannt haben, wie wir im Augenblick sind, können wir auf dem Weg der Heilung werden, wer wir eigentlich sind. Dabei kommt uns aus der Mitte des lebendigen Lichtes Maria als Heilerin entgegen. Sie hat reiche Erfahrung mit dem Schmerz der irdischen Wirklichkeit und deshalb die Gabe der Heilung und des Trostes. Sie heilt, baut auf und befreit zu neuem Leben. In dieser Perspektive wird es dann möglich, dauerhaft im Licht den Weg zu gehen.

O magne pater – Großer Vater

O großer Vater,
wir sind beträchtlichem Zwang ausgesetzt.
Jetzt hör doch,
wir bitten Dich dringend
durch Jesus, der Dein Wort ist.
Durch Ihn hast Du, was uns fehlt,
mehr als ausgeglichen.
Nun hoffen wir, dass Du uns hilfst,
wie es Dir entspricht,
damit wir nicht den Mut verlieren
und Dein Name in uns nicht verdunkelt wird.
Hilf uns durch Deinen Namen.

O clarissima mater –
Mutter der heiligen Heilkunst

O Mutter der heiligen Heilkunst,
du, die wir verstehen können,
lässt Salböl einfließen in die Wunden des Todes,
die uns mit Trauer erfüllen.
Eva hat sie als Fessel für die Seelen errichtet.
Du machst den Tod zunichte
und baust das Leben auf.
Bitte deinen Sohn für uns,
Meerstern Maria.
O lebendig machende Helferin
und Glück verheißender Glanz
und Anziehungskraft allen Glückes,
mit dem du erfüllt bist.
Bitte deinen Sohn für uns,
Meerstern Maria.
Ehre sei dem Vater und dem Sohn
und dem Heiligen Geist.
Bitte deinen Sohn für uns,
Meerstern Maria.

Wege

Das Wegsymbol ist nach dem des Lichtes vielleicht das tiefgreifendste in den Werken Hildegards. Ihr erstes theologisches Hauptwerk führt es im Titel: Wisse die Wege des Herrn. Den Weg zu wissen, war für sie, die schon als Kind mit der Gabe der Schau konfrontiert war, eine Aufgabe, die sie selbst immer wieder nötigte, aufzubrechen und sich neuen Herausforderungen zu stellen. Die Menschen, deren Leben sie in ihren Liedern zum Thema macht, sind Wegmenschen, so wie Hildegard. Da ist Rupert, der Patron ihres Klosters, der zu Fuß eine Wallfahrt nach Rom unternimmt, um auf dem Weg seinen Weg zu finden. Da ist Disibod, in dessen Kloster sie selbst ihre ersten Schritte wagte und dem sie sich anglich, als sie wie er aus dem Gewohnten aufbrach, um eine eigene Gemeinschaft zu gründen. Und da ist Bonifatius, der sein ganzes Leben unter das Symbol des Weges stellte, um den Menschen, denen er begegnete, den Weg zum Leben sichtbar und erlebbar zu machen. Bewusstes Sein auf dem Weg bedeutet: die Perspektive im Blick zu behalten.

Ich muss genau wissen, wo ich am Ende ankommen will. Es ist wichtig, die Orte am Weg zu kennen, an denen ich Kraft schöpfen kann, wichtig, Pausen einzuplanen. Ich brauche einen wahrhaftigen Wegeplan, dem ich folgen kann, einen, der die Unwägbarkeiten des Weges berücksichtigt und nicht nur die Fluglinie angibt. Und ich muss wissen, was ich mir zutrauen kann, wenn ich an einer Wegkreuzung stehe: Ist der steile Aufstieg richtig für mich oder gehe ich lieber den längeren Weg über die Landstraße? Und ich muss wissen, dass es gut ist, nicht alleine zu gehen.

Für Hildegard führt der Weg des Herzens nach Hause zum Vater, der viele Wohnungen hat. Es ist ein Weg gemeinsam mit der ganzen Schöpfung. Der Weg jedes und jeder Einzelnen ist also ein unverzichtbarer Beitrag zur Geschichte Gottes mit den Menschen. Unterwegs zu sein bedeutet: neugierig zu sein auf das Leben, offen für die Geheimnisse der Tiefe und Lust zu haben an den richtigen Wegen. Wer auf diese Weise/weise geht, lernt, bei sich zu wohnen, kommt unterwegs bei sich an.

O Bonifati –
Bonifatius

O Bonifatius,
das lebendige Licht
hat dich als einen Mann der Weisheit wahrgenommen,
der die reinen, aus Gott fließenden Wasser
zu Gott zurückgeführt hat,
nachdem er die Lebenskraft der Blumen genährt hat.
Du bist der Freund des lebendigen Gottes
und ein leuchtender Kristall,
denn du hast Lust an den richtigen Wegen,
auf denen du weise gelaufen bist.

O mirum admirandum –
Staunenswertes Wunder

O staunenswertes Wunder,
das in der verborgenen Form aufleuchtet,
aufragend in edler Gestalt,
wo lebendige Tiefe
Mystik gebiert.
Darum, Disibod,
stehst du am Ende auf
mit Hilfe der Blüte aller Zweige der Welt,
damit du am Anfang auferstanden bist.

Columba aspexit –
Die schauende Taube

Eine Taube schaute durch die Gitter des Fensters,
wo Balsamduft ausging
vom leuchtenden Maximin.
Die Wärme der Sonne entbrannte
und ließ die Schatten aufleuchten,
wo sich ein Edelstein erhob
im Bauwerk des geschützten Raumes
des wohlwollenden Herzens.
Er ist ein hoher Turm,
aus Libanon und Zypressenholz gemacht,
mit Hyazinth und Sarder geschmückt,
eine ausgezeichnete Stadt,
die die Werke anderer Künstler übertrifft.
O Maximin,
du bist Berg und Tal
und erscheinst als hoher und tiefgegründeter Bau.
Du bist stark und sanft in den heiligen Handlungen
und im Aufleuchten des Altares steigst du auf
wie Weihrauchduft zur Säule des Lobes.
Dort trittst du für das Volk ein,
das zum Spiegel des Lichtes strebt,
dem Lob ist in der Höhe.

Gemeinschaft

Unterwegs sein zur Erfahrung des Heilwerdens verbindet die Menschen ungeachtet aller sozialen und gesellschaftlichen Grenzen.

Gemeinschaft setzt Heilung voraus. Sie birgt das Geheimnis der Begegnung. Gemeinschaft fordert heraus. Sie lädt uns ein, uns dem Leben, dem eigenen ebenso wie dem der anderen, zu stellen. Gemeinschaft kann man nicht nur auf Zeit leben. Sie fordert deshalb so heraus, weil in ihr das Geheimnis der Treue berührt wird. Wirkliche Gemeinschaft sehnt sich nach Dauer, nach der sicheren Zusage des gemeinsamen Du. Für Hildegard ist Gemeinschaft zugleich auch Ziel allen Lebens. Im Bild des himmlischen Jerusalems lässt sie uns an der Hoffnung Anteil haben, dass wir bei aller Gebrochenheit unseres Lebens am Ende auf wirkliche Gemeinschaft zugehen. Zugleich ist Hildegards Leben in der Klostergemeinschaft der Versuch, dieses Ideal in ihrer Lebenswirklichkeit zu verwurzeln. Dabei hilft es, sich andere Projekte gelingenden Lebens zu vergegenwärtigen, wie sie es etwa in ihrem Lied über Ursula und ihre Gefährtinnen umgesetzt hat.

Gemeinschaft braucht Regeln, die nicht nur für die anderen gelten. Sie ist ein Feld, auf dem wir lernen, und ein Raum, in dem unser Leben sich bewähren kann. Hildegards Leben baute auf der Regel Benedikts auf, die so menschengerecht und grundvernünftig ist, dass es sich bis heute lohnt, danach zu leben. Benedikt ist darauf eingerichtet, dass weder wir selbst noch die anderen perfekt sind. Wer immer Gemeinschaft wagt, stößt an Grenzen. Denn leider stören die anderen unsere Kreise ganz erheblich, wenn wir sie erst einmal näher kennen gelernt haben. Doch die Suche nach dem perfekten Partner, der idealen Partnerin oder Gemeinschaft führt in die Absonderung, wirkt trennend. Es ist deshalb befreiend und entlastend, dem perfekten Hier das vollendete Dort entgegenzusetzen. Der so entstandene Raum kann sich mit Freude füllen über das Du, das gerade mit mir das Wir gewagt hat, in dem neues Leben wachsen darf.

O pulchrae facies –
Schöne Gesichter

O schöne Gesichter,
ihr schaut Gott
und baut im Morgenrot,
o glückliche Jungfrauen,
wie kennbar seid ihr.
In euch hat der König sich selbst betrachtet,
weil er alle Schönheit des Himmels
in euch vorgezeichnet hat,
deshalb seid ihr der angenehmste Garten,
duftend in aller Schönheit.

Nunc gaudeant –
Kirchenfreude

Nun freut sich der Mutterleib der Kirche,
denn in himmlischem Zusammenklang
sind ihre Kinder in ihrem Schoß versammelt.
Nun bist du verwirrt,
du hässliche Schlange,
denn die, von denen du glaubtest,
du hättest sie vereinnahmt,
leuchten jetzt im Blut des Sohnes Gottes
und dafür sei dir Lob, höchster König,
halleluja.

Jerusalem

O Jerusalem, goldene Stadt,
geschmückt mit dem Purpur des Königs,
o Bauwerk höchster Güte, du bist Licht, das nie dunkel wird.
O glückliche Kindheit, du leuchtest im Morgenrot auf
und lobwürdige Jugend, du brennst in der Sonne.
Denn du, Rupert, den wir kennen,
leuchtest darin auf wie ein Edelstein.
Du kannst nicht verborgen bleiben vor den Menschen,
so wie der Berg vom Tal nicht verdeckt wird.
Deine Fenster, Jerusalem,
sind mit Topas und Saphir wunderbar geschmückt.
In ihnen leuchtest du, Rupert,
und kannst den verkommenen Lebensformen
nicht verborgen bleiben, so wie der Berg nicht dem Tal,
wenn er geschmückt mit Rosen,
Lilien und Purpur sich offen zeigt.
O zarte Blume des Feldes und Lebenskraft der süßen Frucht
und leichte Last, die die Herzen nicht in Schuld beugt.
In dir klingt der Heilige Geist, weil du Gemeinschaft hast mit
den Chören der Engel, und weil du im Sohn Gottes
geschmückt bist, bist du makellos schön.

Liebe

Der Begriff der Liebe steht bei Hildegard von Bingen in direkter Verbindung mit der Erfahrung Gottes. Gott selbst ist die Liebe und in ihren theologischen Werken bilden die Worte für Heiliger Geist, grünende Lebenskraft und Liebe changierende Wortfelder, in denen deutlich wird, welch zentrale Kraft Hildegard in ihr für die Schöpfung sieht. Die Liebe ist in gewisser Hinsicht der Grundstoff des Lebens, die aurea materia, die alles zusammenhält. Zugleich aber ist sie auch Ziel aller Sehnsucht, Anziehungspunkt aller Suche, Brennpunkt des Lebens.
Es gibt keine treffendere Zusammenfassung dessen, was Liebe bedeutet, als das, was Paulus an die Korinther schreibt:

Die Liebe ist langmütig, die Liebe ist gütig. Sie ereifert sich nicht, sie prahlt nicht, sie bläht sich nicht auf. Sie handelt nicht ungehörig, sucht nicht ihren Vorteil, lässt sich nicht zum Zorn reizen, trägt das Böse nicht nach. Sie freut sich nicht über das Unrecht, sondern freut sich an der Wahrheit. Sie erträgt alles, glaubt alles, hält allem stand. Die Liebe hört niemals auf. Prophetisches Reden hat ein Ende, Zungenrede verstummt, Erkenntnis vergeht. Denn Stückwerk ist unser Erkennen, Stückwerk unser prophetisches Reden. Wenn aber das Vollendete kommt, vergeht alles Stückwerk. Als ich ein Kind war, redete ich wie ein Kind, dachte wie ein Kind und urteilte wie ein Kind. Als ich ein Mann wurde, legte ich ab, was Kind an mir war. Jetzt schauen wir in einen Spiegel und sehen nur rätselhafte Umrisse, dann aber schauen wir von Angesicht zu Angesicht. Jetzt erkenne ich unvollkommen, dann aber werde ich durch und durch erkennen, so wie ich auch durch und durch erkannt worden bin. Für jetzt bleiben Glaube, Hoffnung, Liebe, diese drei, doch am größten unter ihnen ist die Liebe.

Caritas –
Liebe

Die Liebe überflutet alles
von den Tiefen bis zu den höchsten Sternen
und sie ist voller Liebe zu allen,
weil sie dem höchsten König
den Kuss des Friedens gab.

Spiritus –
Geist

Heiliger Geist,
Leben spendendes Leben,
alles bewegend ist er die Wurzel aller Schöpfung,
er reinigt alles von Schmutz,
sühnt die Verbrechen und salbt die Wunden
und so ist er leuchtendes und rühmenswertes Leben,
aufrichtend und wieder erweckend alles.

Laus –
Lob

Lob der Dreieinigkeit,
die Klang und Leben
und die Schöpferin aller
und das Leben in allem ist.
Die Gemeinschaft der Engel lobt sie,
sie ist wunderbarer Glanz der Geheimnisse,
die die Menschen nicht kennen,
und in allem ist sie das Leben.